CIP-Titelaufnahme der Deutschen Bibliothek

Bellamy, David:
Wie die Natur überlebt / David Bellamy. Bilder von Jill Dow.
[Übers. aus d. Engl. von Cornell Ehrhardt]. – München : F.
Schneider ; Wien ; München : Jugend u. Volk
(S-Bilderbuch)
Engl. Orig.-Ausg. u.d.T.: Bellamy, David: Bellamy's changing world
NE: Dow, Jill:

Am Fluß. – 1988
Engl. Orig.-Ausg. u.d.T.: Bellamy, David: The river
ISBN 3-505-09859-0 (Schneider) Gb.
ISBN 3-224-11153-4 (Jugend u. Volk) Gb.

Originaltitel: Bellamy's Changing World-The River

Übersetzung aus dem Englischen von Cornell Ehrhardt, Goldenstedt
Umschlagbild und Illustrationen: © 1988 Jill Dow
Design und Art Direction: Debbie Mackinnon
Lektorat: Michael Eppinger
Herstellung: Hermann Staltmaier

Gedruckt und gebunden in Italien

ISBN: 3 505 09859-0 (Franz Schneider Verlag, München)
Bestell-Nr.: 9859
ISBN: 3 224 11153-4 (Jugend und Volk, Wien)

Wie die Natur überlebt

Am Fluß

David Bellamy
Bilder von Jill Dow

Franz Schneider Verlag München

Jugend und Volk Wien München

Ein Spaziergang am Fluß ist zu jeder Jahreszeit interessant, sogar im Winter. Auch dann kann man viel entdecken. Eine ganze Schar von Vögeln ist hier ans Flußufer gekommen. Alle lassen sich die Beeren der Stechpalme und des Weißdorns schmecken.

Siehst du die Spuren der Enten? Auch die Vögel und ein paar Rehe haben ihre Fußspuren im weichen, weißen Schnee hinterlassen.

Spaziergänger werfen Brot aufs Eis. Das mögen die beiden Enten und der bunte Erpel gern. Auch der große Hecht hält nach etwas Eßbarem Ausschau. Frösche sind zu dieser Jahreszeit nicht zu sehen. Sie haben sich im Herbst eine dicke Fettschicht angefressen und halten nun im Uferschlamm ihren Winterschlaf.

Es ist Frühsommer geworden. Von der neuen Betonbrücke aus kann man hinunter in das klare und saubere Flußwasser schauen. Siehst du den riesigen Hecht? Er lauert auf Beute. Deshalb hat er sich zwischen den Wasserpflanzen unterhalb des Abflußrohres versteckt. Dieses Rohr kommt von der nahegelegenen Fabrik.

Der Fluß ist voll von Wasserpflanzen. Am Ufer wachsen Binsen und Seggen. Weiter zur Flußmitte hin gibt es Laichkraut und wunderschöne Seerosen. An einer seichten Stelle steht ein Reiher im Wasser. Er sucht im Fluß nach Fischen und Fröschen. Sein Nest hat er in einer der alten Weiden am Ufer gebaut. Auf der anderen Seite des Flusses sitzt ein Mann und angelt.

Die Enten und Schwäne haben Nachwuchs bekommen. Sie warten immer darauf, daß ihnen Spaziergänger etwas zu fressen zuwerfen. Zwei blau schillernde Libellen ruhen sich auf den Binsen am Ufer aus. Bevor die Libellen so schön aussehen, leben sie für lange Zeit als ziemlich häßliche Larven im Wasser. Dort fangen und fressen sie andere Wasserinsekten, Kaulquappen und sogar kleine Fische.

Mit etwas Glück kann man viele solcher Wasserbewohner mit einem Gefäß aus dem Fluß schöpfen. Was man da alles entdecken kann!
Niemals darf man das Gefäß aber in die Sonne stellen. Das Wasser wird für die Tiere sonst zu warm. Sobald man die Tiere betrachtet hat, muß man sie schnell wieder in den Fluß zurückschütten.

Der Angler hat schon viele Fische gefangen: zwei Aale, vier Schleien und einen Karpfen. Die Aale ernähren sich von Fischen und Fröschen, der Karpfen und die Schleien nur von Pflanzen.

In diesem Flußabschnitt hat auch der Hecht sein Jagdrevier. Er ist so groß, daß er all die anderen Fische und sogar kleine Entchen fressen kann.

Ab und zu wirft der Angler ein paar Brotkrumen ins Wasser, um noch mehr Fische anzulocken. Aber dann kommt jedesmal der Erpel angeflogen und schnappt sich das Brot.

Wenn die Sonne scheint, erzeugen die grünen Wasserpflanzen Sauerstoff. Sie geben ihn als kleine Bläschen in den Fluß ab. Alle Wassertiere brauchen Sauerstoff zum Leben. Der Hecht und die Bachflohkrebse haben Kiemen, um Sauerstoff aufzunehmen. Die jungen Frösche haben keine Kiemen mehr. Sie müssen zum Luftholen aus dem Wasser auftauchen. Der Rückenschwimmer fängt die silbrigen Luftbläschen mit dem Schwanz ein. Und der Wasserskorpion hat am Hinterleib eine lange Atemröhre, die er wie einen Schnorchel benutzt.

Einige Insekten sind so leicht, daß sie auf dem Wasser laufen können. Die kleinen, schwarzen Plattwürmer und die Wasserschnecken lassen sich von der Wasseroberfläche herabhängen und bewegen sich unter Wasser fort. Die Wasserschnecken legen ihre Eier an der Unterseite der Seerosenblätter ab; dort können sie nicht austrocknen.

Zum Glück ist der gefräßige Hecht nicht hier, und so können sich die kleinen Entchen und die Frösche in Ruhe im Wasser tummeln. Enten fressen gerne die zarten, jungen Blätter von Wasserpflanzen. Siehst du, daß die Blätter bei manchen Pflanzen über Wasser eine andere Form als unter Wasser haben?

An der alten Ziegelmauer leben viele Tiere. Der Schwamm filtert seine Nahrung aus dem Wasser. Die Spinne hat in ihrem Netz eine Libelle gefangen. An einem Mauerspalt legt eine Wespe gerade ihre Eier ab. Die grünen Wasserpolypen wiegen sich im Wasser hin und her, während sich die beiden Schnecken die Brunnenkresse schmecken lassen.

Hier fließt der Fluß über ein altes Wehr, so daß ein kleiner Wasserfall entsteht. Durch das herabstürzende Wasser gelangen Millionen von Luftbläschen in den Fluß. Deshalb gibt es in diesem Flußabschnitt reichlich Sauerstoff, und es können hier viele Tiere leben.

Die Larven der Köcherfliege bauen sich aus kleinen Stöcken, Blättern, Muschelschalen und Steinen ein schützendes Haus. Doch später – als fertige Insekten – sind sie eine leichte Beute für den dicken Frosch. Gerade fängt er Mücken und Eintagsfliegen. Auch die Libelle ist auf Futtersuche.

Hier bei der alten Steinbrücke jagen Schwalben durch die Luft. Sie fangen Insekten, die vom Wasser aufsteigen. Dicht am Ufer schaut eine Bisamratte aus ihrem Bau. Die Blaumeisen zupfen von den Rohrkolben die weichen, wolligen Blüten ab, um damit ihre Nester auszupolstern. Die Ente schimpft mit einem ihrer Kinder, weil es sich zu weit entfernt hat.

Unter der Brüstung der alten Brücke haben Mehlschwalben ihre Nester gebaut. Ganz in der Nähe sonnen sich zwei Schmetterlinge an der warmen Steinmauer. Die beiden Kinder am anderen Flußufer holen sich noch schnell ein Eis, bevor sie nach Hause gehen. Was erzählen sie wohl dem Eisverkäufer?

Doch weiter oben bei der neuen Brücke passiert etwas Schreckliches: Aus dem Abflußrohr der Fabrik läuft schmutziges, giftiges Wasser in den Fluß!

Der Angler ist sofort losgerannt, um die Leute in der Fabrik zu alarmieren.

Alle Tiere versuchen sofort vor dem gefährlichen Abwasserstrom zu flüchten. Doch für die Fische und die vielen kleinen Wassertiere gibt es kein Entkommen mehr.

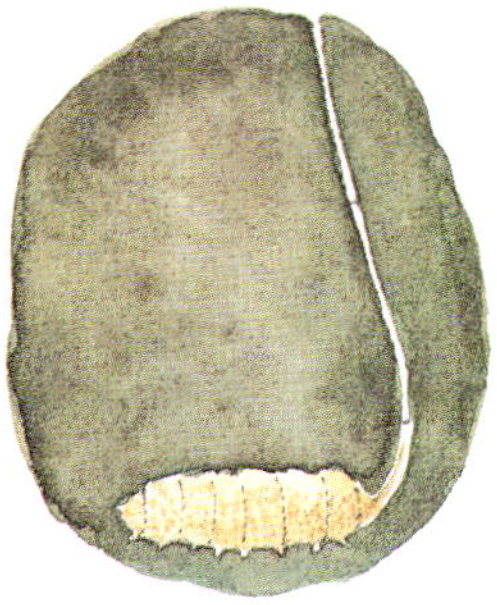

Obwohl das Rohr von den Leuten in der Fabrik schnell abgesperrt wurde, ist der Schaden groß. Nach einigen Tagen ist der Fluß voll toter Fische, und es stinkt fürchterlich.
Unzählige winzig kleine Bakterien versuchen, das Flußwasser zu reinigen. Bei dieser Arbeit verbrauchen sie jedoch den ganzen Sauerstoff im Wasser. Ohne Sauerstoff ist im Fluß kein Leben mehr möglich – auch nicht für den großen Hecht. Überall kann man weiße, schleimige Fäden sehen. Es sind Abwasserpilze, die sich in stark verschmutzten Gewässern bilden. Die einzigen Tiere, denen das sauerstoffarme Wasser nichts ausmacht, sind die Larven der Schlammfliege. Mit ihren selt-

samen langen Atemröhren können sie wie durch einen Schnorchel Luft holen. Auch den Frosch scheint der Schmutz nicht zu stören. Er freut sich, daß es hier jetzt so viele Fliegen gibt. Die Lachmöwen fressen die toten Fische, die auf dem Wasser treiben. Sie helfen so, den Fluß zu säubern.

Am kleinen Wasserfall hinter dem alten Wehr sieht alles etwas besser aus. Das Gift hat sich verteilt, und durch das herabstürzende Wasser kommt Sauerstoff in den Fluß. Hier ist das Leben für die Wassertiere leichter. Zarte grüne Algen wachsen jetzt auf den Steinen oder treiben im Wasser umher.

Auch sie geben Sauerstoff ab und helfen, den Fluß zu säubern. Schnecken und Enten fressen gerne die Algen. Für die Frösche gibt es viele Mücken zu fangen. Mücken entwickeln sich aus kleinen Larven. Siehst du sie unter der Wasseroberfläche hängen?

Es ist Spätsommer, und das Unglück liegt nun einen Monat zurück. Unter der alten Brücke scheint das Wasser wieder sauber zu sein.

In der Dämmerung sind Fledermäuse zum Fluß gekommen, um Insekten zu fangen. Am Ufer brütet eine Ente auf ihrem Nest. Im Wasser streicht wieder ein Hecht umher, und am Brückenpfeiler sitzen zwei Frösche und quaken. Alles sieht fast wie früher aus. Aber wer den Fluß so gut kennt wie der Angler, weiß, daß es hier vor dem Unglück viel mehr Tiere und Pflanzen gab. Kannst du dir vorstellen, was aus dem Fluß geworden wäre, wenn der Angler das vergiftete Abwasser nicht so schnell bemerkt hätte?